小跳豆 Jumping Bean 幼兒生活安全故事系列

我不玩自動門

U0114868

新雅文化事業有限公司
www.sunya.com.hk

小跳豆
幼兒生活安全故事系列
跟着跳跳豆和糖糖豆一起注意安全守則！

　　幼兒在成長的過程中，喜歡到處探索，喜歡用眼睛看世界。他們必會對各種事物都充滿好奇，但同時毫無防備，往往做出一些危險的行為，例如爬窗、玩火、在馬路上亂跑、玩自動門等。為避免幼兒發生意外和受傷，家長可以結合幼兒的生活進行安全教育，提高孩子的自我保護意識和能力。

　　《小跳豆幼兒生活安全故事系列》共 6 冊，透過跳跳豆和糖糖豆的日常生活經歷，指導幼兒要注意安全，不要爬窗、不亂放玩具、不亂進廚房、小心玩水、小心過馬路和不要玩自動門等等。

　　書後設有「親子小遊戲」，以有趣的形式幫助孩子認識各種安全守則。「安全評分區」讓孩子給自己的日常表現評評分，鼓勵他們自我檢測一下自己的安全意識和能力。

新雅・點讀樂園 升級功能

讓親子閱讀更有趣！

　　本系列屬「新雅點讀樂園」產品之一，若配備新雅點讀筆，爸媽和孩子可以使用全書的點讀和錄音功能，聆聽粵語朗讀故事、粵語講故事和普通話朗讀故事，亦能點選圖中的角色，聆聽對白，生動地演繹出每個故事，讓孩子隨着聲音，進入豐富多彩的故事世界，而且更可錄下爸媽和孩子的聲音來説故事，增添親子閱讀的趣味！

　　「新雅點讀樂園」產品包括語文學習類、親子故事和知識類等圖書，種類豐富，旨在透過聲音和互動功能帶動孩子學習，提升他們的學習動機與趣味！

想了解更多新雅的點讀產品，請瀏覽新雅網頁(www.sunya.com.hk)或掃描右邊的QR code進入 新雅・點讀樂園 。

如何使用新雅點讀筆閱讀故事？

1. 下載本故事系列的點讀筆檔案

1️⃣ 瀏覽新雅網頁(www.sunya.com.hk) 或掃描右邊的QR code

進入  。

2️⃣ 點選 下載點讀筆檔案 ▶ 。

3️⃣ 依照下載區的步驟說明，點選及下載《小跳豆幼兒生活安全故事系列》的點讀筆檔案至電腦，並複製至新雅點讀筆的「BOOKS」資料夾內。

2. 啟動點讀功能

開啟點讀筆後，請點選封面右上角的 〔新雅·點讀樂園〕 圖示，然後便可翻開書本，點選書本上的故事文字或圖畫，點讀筆便會播放相應的內容。

3. 選擇語言

如想切換播放語言，請點選內頁右上角的 〔粵☆普〕 圖示，當再次點選內頁時，點讀筆便會使用所選的語言播放點選的內容。

4. 播放整個故事

如想播放整個故事，請直接點選以下圖示：

5. 製作獨一無二的點讀故事書

爸媽和孩子可以各自點選以下圖示，錄下自己的聲音來說故事！

1️⃣ 先點選圖示上 爸媽錄音 或 孩子錄音 的位置，再點 OK ，便可錄音。

2️⃣ 完成錄音後，請再次點選 OK ，停止錄音。

3️⃣ 最後點選 ▶ 的位置，便可播放錄音了！

4️⃣ 如想再次錄音，請重複以上步驟。注意每次只保留最後一次的錄音。

媽媽問糖糖豆：

「糖糖豆，今天我們去探望姑母，好不好？」

「好啊！可以坐港鐵了。」

糖糖豆高興得跳起來。

糖糖豆住在新界，
姑母住在港島。
從糖糖豆家到姑母家，
要先乘坐港鐵。

糖糖豆看見列車的門
能自動開關，
好奇地觸摸門邊。
媽媽說：
「糖糖豆，危險！不要碰啊！」

坐完港鐵，
她們再轉乘隧道巴士。

「咦！」
糖糖豆發現巴士的車門，
也是自動開關的，
覺得很有趣，
於是想走上前去摸一摸。
媽媽看見了，說：
「別玩，你會受傷的！」

來到姑母居住的大廈，
糖糖豆看見升降機的門，
也是自動開關的。
這一次，她不敢再摸了。

這時候，
蘑菇媽媽牽着蘑菇妹妹，
走進升降機。

蘑菇妹妹看看自己受傷的手，
又看看抱着的布偶，
突然「哇」的一聲哭起來。

蘑菇媽媽親親蘑菇妹妹的小手，説：
「乖，別哭，小手很快會沒事的！」
「但是，媽媽，布偶的手臂破了！」
説着，蘑菇妹妹又哭起來了。

蘑菇媽媽和氣地對蘑菇妹妹說：
「媽媽答應你，給布偶修補手臂。
你也答應媽媽，不要再玩自動門了，
不然又會受傷的！」

糖糖豆聽見了，
連忙走到蘑菇妹妹面前，
把手中的糖果遞給她，說：
「不要哭啊，給你吃糖果！」
蘑菇妹妹開心地笑了。

糖糖豆轉身望着媽媽，說：
「媽媽，我明白了，
自動門是不可以玩的。」
媽媽說：
「你明白了就好，記住不要因為
一時好奇，亂碰自動門啊。」

小朋友，當你站在自動門旁邊時應該怎樣做？在正確做法的 ◯ 中加 ✔。

A.　B.　C.

A. 用手觸摸自動門。

B. 嘗試阻止自動門關上。

C. 站在爸爸媽媽身旁。

答案：C

30

安全評分區

小朋友，以下這些都是你應該掌握的生活安全小常識啊！
你做得到的話，請你把 ♡ 填上顏色。然後跟爸爸媽媽說
一說，你獲得多少個 ♡。

不觸摸或玩自動門。 ♡

不用雙手打開正在關閉的自動門。 ♡

不躲在門後玩遊戲。 ♡

不玩推拉門。 ♡

小跳豆幼兒生活安全故事系列

我不玩自動門

原著：秋千

改編：新雅編輯室

繪圖：何宙樺

責任編輯：劉紀均

美術設計：鄭雅玲

出版：新雅文化事業有限公司

香港英皇道499號北角工業大廈18樓

電話：(852) 2138 7998

傳真：(852) 2597 4003

網址：http://www.sunya.com.hk

電郵：marketing@sunya.com.hk

發行：香港聯合書刊物流有限公司

香港荃灣德士古道220-248號荃灣工業中心16樓

電話：(852) 2150 2100

傳真：(852) 2407 3062

電郵：info@suplogistics.com.hk

印刷：中華商務彩色印刷有限公司

香港新界大埔汀麗路36號

版次：二〇二一年七月初版

二〇二二年六月第二次印刷